中国名人故居

车吉心/著

· 文学 ·

3

山东教育出版社
SHANDONG EDUCATION PRESS

夏丏尊
Xia Mianzun

夏丏尊（1886~1946），名铸，字勉旃，后改字丏尊，号闷庵。浙江上虞（今浙江省绍兴市上虞区）人。现代文学家、语文学家。

光绪三十四年（1908），夏丏尊任杭州浙江省两级师范学堂通译助教，后任国文教员。他提倡人格教育和爱的教育，对学生既严格要求又关怀备至，被学生称为"妈妈的爱"。在语文教学上，提倡白话文，是中国最早提倡语文教学革新的人。1919年与陈望道、刘大白、李次九等3人积极支持五四新文化运动，推行革新语文教育，受到反动当局和守旧派的攻击，相继离校。后到长沙，在湖南第一师范任国文教员。1921年，夏应邀受聘返乡任教春晖中学。同年加入文学研究会，是文学研究会的第一批会员。其间，翻译了《爱的教育》。1924年底离开春晖。次年到上海，参与了立达中学、立达学会及该会杂志《立达季刊》《一般》月刊的创办工作，同时兼开明书店的编辑工作。其间，翻译了日本山田花袋的《绵被》，是中国最早介绍日本文学的翻译家之一。1927年任上海暨南大学中国文学系主任，次年任开明书店编辑所所长。1919年创办《中学生》杂志。1933年他和叶圣陶共同写成语言知识的读写故事《文心》，连载于《中学生》。该书被誉为"在国文教学上划了一个时代"。还出版了《文艺讲座》、散文集《平屋杂文》等书。1936年被推为中国文艺家协会主席。1939年创办《月报》杂志，任社长，并担任上海文化界救亡协会机关报《救亡日报》编委。抗战爆发后，立达学园、开明书店皆毁于炮火，被迫内迁。夏因体弱多病留守上海，参加抗日后援会。他坚守气节，矢志不为日本人做事。1943年12月被日本宪兵拘捕，后经日本友人内山完造营救出狱，但肺病复发，精神和身体都受到严重摧残。1946年4月23日，在上海病逝。

著有《平屋杂文》《文章作法》《现代世界文学大纲》《阅读与写作》《夏丏尊选集》《夏丏尊文集》等，译有《爱的教育》《文心》《近代日本小说集》等。

位于浙江省绍兴市上虞区春晖中学内的夏丏尊故居

文学 Literature   +   夏丏尊 Xia Mianzun

文学 Literature　　夏丏尊 Xia Mianzun

赵太侔
Zhao Taimou

赵太侔（1889~1968），原名赵海秋，曾用名赵畸，太侔为其字，后来即以字行。山东益都（今山东省青州市）人。中国戏剧家，现代教育家。

赵太侔先后毕业于青州东关小学和青州中学。在中学时加入同盟会。后到烟台实艺学馆学英文，1909年毕业。1914年，考入北京大学英文系，毕业后回山东教学，任英语教师。1919年官费留学美国，入哥伦比亚大学，初读西洋文学，后学西洋戏剧。1925年毕业回国。1928年回山东，在济南创办山东省实验剧院，1929年停办，参与筹办国立青岛大学。1930年，国立青岛大学开学，赵太侔为教授，1931年，任教务长。1932年9月，青岛大学改为国立山东大学，赵太侔任校长，扩建了教学楼，增聘教授，当时洪深、老舍等均应聘来青岛执教。抗日战争期间，山东大学先内迁四川，后并入中央大学。抗战胜利后，山东大学在青岛复校，仍任命赵太侔为校长。他将学校扩大为包括文、理、工、农、医5个学院14个系的大型综合性大学，在国立大学中具有很高地位，聘老舍为文学院长，聘王统照、冯沅君、陆侃如等为教授，师资水平一流。这时期校内学术气氛浓厚，同时民主活动活跃，被称为"青岛的解放区"。著名作家徐中玉开展进步活动，教育部两次"密令"调查并处理徐中玉，赵太侔拒不执行，并让徐中玉逃离了青岛。1949年5月，国民党威逼赵太侔去台湾，他躲入医院病房，迎来了青岛的解放。新中国成立后赵太侔任山东大学外文系教授，山东省政协常委。1958年，山东大学迁济南，他留在青岛，任海洋学院（今海洋大学）外文教授。"文革"期间遭迫害，1968年4月去世，1979年平反昭雪。

文学 Literature　　　赵太侔 Zhao Taimou

位于山东省青岛市包头路的赵太侔故居

中国名人故居 | An Album of the Former Residences of Chinese Celebrities

位于山东省青岛市黄县路的赵太侔故居

文学 Literature 赵太侔 Zhao Taimou

李劼人
Li Jieren

李劼人（1891~1962），原名李家祥，常用笔名劼人、老懒、懒心、吐鲁、云云、抄公、菱乐等。四川省成都市人。中国现代作家、法国文学翻译家、社会活动家、实业家。

1911年，李劼人参加四川保路同志会，并经历了辛亥革命的全过程。1912年开始创作小说，至1918年，发表短篇小说百余篇。"五四"时期加入"少年中国学会成都分会"。1919年赴法勤工俭学。1921年起主要致力于法国文学研究与翻译工作。1924年回国后，曾兴办纸厂等实业，在大中学校任教。这时期翻译了莫泊桑《人心》、都德《小物件》、福楼拜《马丹波娃利》等名著，创作了《编辑室的风波》等短篇小说，后来结集为《好人家》。1935年至1937年间，把主要精力投入写作《死水微澜》《暴雨风前》和《大波》三部连续性长篇小说。抗战期间，积极从事救亡活动，是中华全国文艺界抗敌协会成都分会的常务理事。1948年写成长篇小说《天魔舞》，揭露国统区的黑暗。1949年以后，历任成都市副市长、作协四川分会副主席等职。

一生各种著作、译作达六百多万字。其小说代表作《死水微澜》《暴风雨前》《大波》在中国现代文学史上被称为"大河三部曲"。

位于四川省成都市锦江区沙河堡菱窠西路的李劼人故居

文学 Literature   李劼人 Li Jieren

文学 Literature　　　李劼人 Li Jieren

文学 Literature　　李劼人 Li Jieren

文学 Literature + 李劼人 Li Jieren

文学 Literature   李劼人 Li Jieren

刘半农
Liu Bannong

刘半农（1891~1934），名复，字半农。江苏江阴（今江苏省江阴市）人。"五四"新文化运动先驱者之一，著名的文学家、语言学家、教育家。

刘半农出生于知识分子家庭，1911年曾参加辛亥革命。1912年后在上海以向鸳鸯蝴蝶派报刊投稿为生。1917年到北京大学任法科预科教授，并参与《新青年》杂志编辑工作。其间，积极投身文学革命，反对文言文，提倡白话文。1920年到英国伦敦大学的大学院学习实验语音学，1921年夏转入法国巴黎大学学习。1925年获得法国国家文学博士学位，所著《汉语字声实验录》荣获法国康士坦丁·伏尔内语言学专奖，成为我国第一个获此国际大奖者。1925年秋回国，任北京大学国文系教授，讲授语音学。1926年出版了诗集《扬鞭集》和《瓦釜集》。1934年在北京病逝。病逝后，鲁迅曾在《青年界》上发表《忆刘半农君》一文悼念。

他一生著作甚丰，创作了《扬鞭集》《瓦釜集》《半农杂文》，编有《初期白话诗稿》，学术著作有《中国文法通论》《四声实验录》等，另有译著《法国短篇小说集》《茶花女》等。

文学 Literature | 刘半农 Liu Bannong

位于江苏省江阴市西横街的刘半农故居

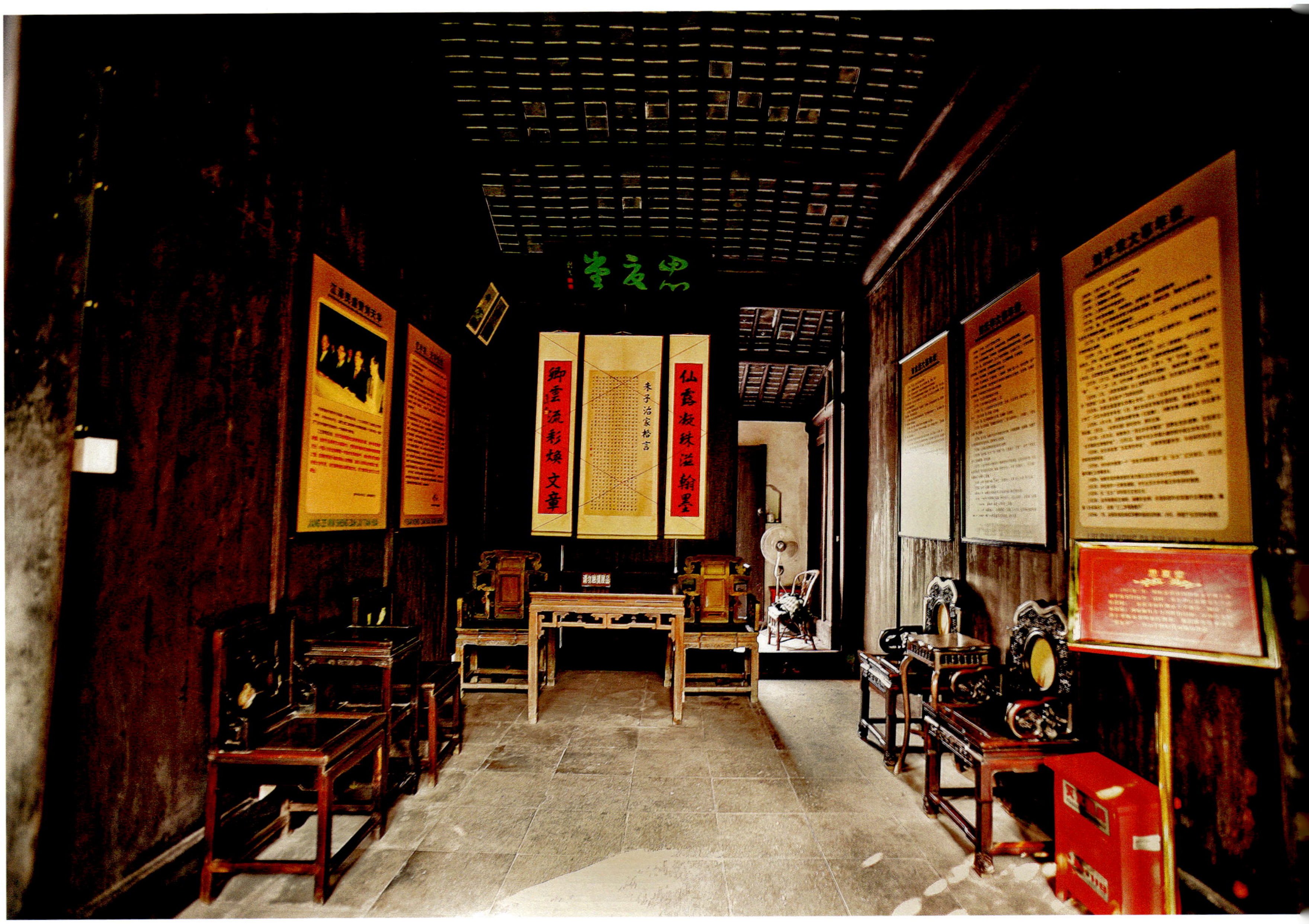

文学 Literature　　＋　　刘半农 Liu Bannong

文学 Literature   刘半农 Liu Bannong

文学 Literature | 刘半农 Liu Bannong

宋春舫
Song Chunfang

宋春舫（1892～1938），别署春润庐主人。浙江吴兴（今浙江省湖州市）人。现代剧作家、戏剧理论家。

宋春舫13岁中秀才，后来在上海圣约翰大学学习英语数年。此后留学瑞士日内瓦大学学习社会和政治科学，1915年在该校获得了文学硕士学位。回国后，他于1916年至1917年在上海圣约翰大学任现代语言讲师。此后任清华学堂法语教授，1918年转到北京大学讲授法国文学。1920年再次到欧洲考察一战后社会情况及文学倾向。在欧洲期间，他还任日内瓦和平会议中国代表团秘书。回国后，任中华民国财政部秘书及财政部公债司帮办、关税调查委员会副主席等。五四运动时，他提倡话剧艺术，介绍欧洲现代戏剧。1927年，他到青岛任职。是中国海洋科学的先驱，曾担任青岛观象台海洋科科长，倡建中国海洋研究所，1932年通过努力，在青岛建立青岛水族馆。1937年抗日战争爆发后离开青岛到上海，1938年去世，享年46岁。

他是我国现代剧坛上最早研究和介绍西方戏剧及理论的一位学者。20世纪20年代出版《宋春舫论剧》第一集，30年代编选出版《宋春舫论剧》第二集和第三集，拟定《欧洲戏剧史》《戏剧理论史略》等书的纲要，由于早逝而未能写成专著。剧本有独幕喜剧《一幅财神》，三幕喜剧《五里雾中》和《原来是梦》。著有游记集《海外劫灰记》《蒙德长罗》。翻译作品有小说《一个喷嚏》《一个舞女的口供》《一支金的自来水笔》和剧本《春春不西》，还著有《现代中国文学》等。

位于山东省青岛市福山支路的宋春舫故居

文学 Literature 宋春舫 Song Chunfang

林语堂
Lin Yutang

林语堂（1895～1976），原名和乐，后改玉堂，又改语堂。福建龙溪（现福建省漳州市）人。中国现代著名学者、文学家、翻译家、语言学家。

林语堂出生于福建一个基督教家庭，父亲为教会牧师。1912年入上海圣约翰大学，毕业后在清华大学任教。1919年秋赴美哈佛大学文学系，1922年获文学硕士学位。同年，转赴德国入莱比锡大学，专攻语言学。1923年获博士学位后回国，任北京大学教授、北京女子师范大学教务长和英文系主任。1924年后，为《语丝》主要撰稿人之一并在《语丝》上发表第一篇文章《论士气与思想界之关系》。1926年，到厦门大学任文学院长，写杂文，并研究语言。1927年任外交部秘书。1932年主编《论语》半月刊。1934年创办《人间世》，出版《大荒集》。1935年创办《宇宙风》，提倡"以自我为中心，以闲适为格调"的小品文，成为论语派主要人物。1935年后，在美国用英文写《吾国与吾民》《风声鹤唳》《孔子的智慧》《生活的艺术》，在法国写《京华烟云》等文化著作和长篇小说。1944年，曾一度回国到重庆讲学。1945年，赴新加坡筹建南洋大学，任校长。1947年，任联合国教科文组织美术与文学主任。1952年，在美国与人创办《天风》杂志。1966年，定居台湾。1967年，受聘为香港中文大学研究教授。1975年，被推举为国际笔会副会长。1976年3月26日，去世于香港，享年82岁。

作品包括小说《京华烟云》《啼笑皆非》，散文和杂文文集《人生的盛宴》《生活的艺术》等。

位于福建省漳州市天宝镇五里沙村的林语堂故居

文学 Literature   ＋   林语堂 Lin Yutang

位于福建省漳州市天宝镇五里沙村的林语堂纪念馆

文学 Literature　　　林语堂 Lin Yutang

位于福建省厦门市鼓浪屿漳州路的林语堂故居

文学 Literature   林语堂 Lin Yutang

位于台湾台北市阳明山仰德大道二段的林语堂故居

文学 Literature　　　　林语堂 Lin Yutang

文学 Literature　　　林语堂 Lin Yutang

中国名人故居 | An Album of the Former Residences of Chinese Celebrities

文学 Literature 林语堂 Lin Yutang

文学 Literature　　　　＋　　　　林语堂 Lin Yutang

文学 Literature 　　　　　　林语堂 Lin Yutang

周瘦鹃
Zhou Shoujuan

周瘦鹃（1895～1968），原名周祖福，字国贤。江苏苏州（今江苏省苏州市）人。现代作家，文学翻译家。

周瘦鹃家贫少孤，六岁丧父。靠母亲的辛苦操作，得以读完中学。中学时代即开始文学创作活动，第一篇作品《爱之花》（剧本）发表在《小说月报》上。毕业后不久，即以写作和翻译为职业。1916年至1949年间，在上海历任中华书局、《申报》、《新闻报》等单位的编辑和撰稿人，其间主编《申报》副刊达十余年之久。还主编过《礼拜六》周刊、《紫罗兰》、《半月》、《乐观月刊》等。抗战前夕，上海文化工作者积极呼号御侮，他和鲁迅、郭沫若等数十人发表联合宣言。新中国成立后，一边写作，一边以相当大的精力从事园艺工作。他在自己的庭园里栽花培草，种植盆景，开辟了苏州有名的"周家花园"。曾任第三、四届全国政协委员、江苏省人民代表、江苏省苏州市博物馆名誉副馆长。"文革"中受迫害，1968年8月去世。

主要作品有短篇小说《亡国奴日记》《祖国之徽》《南京之围》《卖国奴日记》《亡国奴家里的燕子》等；新中国成立后著有散文集《行云集》《花花草草》《花前琐记》《花前续记》等。1916年翻译、1917年集印的《欧美名家短篇小说丛刊》，介绍了包括高尔基《叛徒的母亲》在内的欧美二十多位作家的作品，鲁迅先生赞扬它是"昏夜之微光，鸡群之鸣鹤"。另有《世界名家短篇小说集》。

位于江苏省苏州市凤凰街王长河头的周瘦鹃故居

茅盾
Mao Dun

茅盾（1896~1981），原名沈德鸿，字雁冰。常用的笔名有茅盾、玄珠、方璧、止敬、蒲牢、形天等。浙江桐乡（今浙江省桐乡市）人。中国现代著名作家、文学评论家、文化活动家及社会活动家。

茅盾生于浙江桐乡县乌镇。13岁时到湖州读中学。1913年考入北京大学预科，1916年毕业，进入上海商务印书馆编译所工作。1920年开始文学活动，曾与郑振铎、叶圣陶等人一起组织文学研究会。1921年接编《小说月报》，倡导现实主义，翻译介绍外国文艺，对我国新文学运动产生巨大影响。1927年发表第一部中篇小说《幻灭》，它与相继问世的《动摇》（1928）、《追求》（1928）合为总名《蚀》的三部曲，引起强烈的反响。1933年的长篇小说《子夜》是他最重要的代表作。抗战时期，辗转于香港、新疆、延安、重庆、桂林等地，发表了长篇小说《腐蚀》和剧本《清明前后》等。还创作了《白杨礼赞》等散文。新中国成立后，历任全国文联副主席、文化部长、作协主席，并任全国政协副主席。1981年3月27日病逝于北京。根据他生前遗愿，为鼓励优秀长篇小说的创作，推动我国社会主义文学的发展而设立的"茅盾文学奖"，是我国目前最高荣誉的文学奖项之一。

主要作品有：长篇小说《子夜》、《蚀》三部曲、《腐蚀》、《虹》、《锻炼》、《霜叶红似二月花》、《多角关系》等。短篇小说《报施》《创造》《农村三部曲》《大鼻子的故事》《林家铺子》《色盲》《诗与散文》《石碣》《手的故事》《水藻行》《小巫》《烟云》《有志者》《自杀》等。散文《白杨礼赞》《风景谈》《卖豆腐的哨子》《人造丝》《天窗》等。

位于浙江省桐乡市乌镇的茅盾故居

文学 Literature　　＋　　茅盾 Mao Dun

文学 Literature 　　十　　茅盾 Mao Dun

文学 Literature 　　　茅盾 Mao Dun

文学 Literature 茅盾 Mao Dun

文学 Literature   茅盾 Mao Dun

文学 Literature　　　茅盾 Mao Dun

位于浙江省桐乡市乌镇的茅盾纪念堂

文学 Literature　　　茅盾 Mao Dun

文学 Literature　　茅盾 Mao Dun

位于上海市虹口区山阴路的茅盾故居

位于北京市东城区交道口后园恩寺胡同的茅盾故居

文学 Literature | 茅盾 Mao Dun

文学 Literature　　＋　　茅盾 Mao Dun

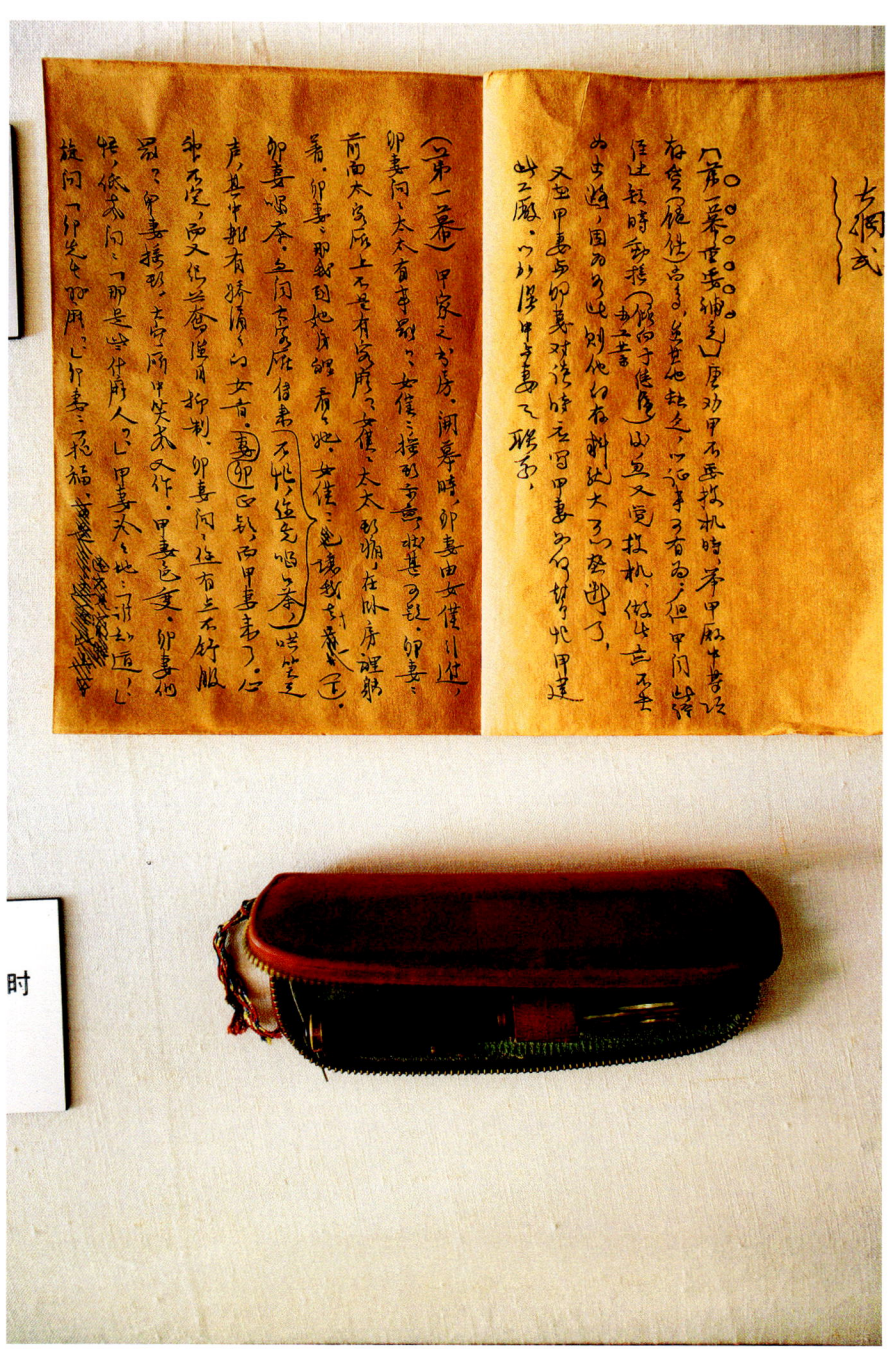

文学 Literature　　　　茅盾 Mao Dun

文学 Literature 茅盾 Mao Dun

郁达夫
Yu Dafu

郁达夫（1896~1945），原名郁文，幼名荫生、阿凤，字达夫。浙江富阳（今浙江省富阳市）人。中国现代著名小说家、散文家、诗人。

郁达夫出生于浙江富阳的一个普通家庭。1908年就读于富阳县立高等小学堂。1910年考入杭州府中学堂，后又到嘉兴府中学堂和美国教会学堂等校学习。因参与学潮被校方开除，次年春改读蕙兰中学。1911年起开始创作旧体诗，并向报刊投稿。1913年9月去日本留学。1914年7月考入日本东京第一高等学校医科部。毕业后被分发至名古屋第八高等学校三部。开始尝试小说创作。1916年改读法学部政治学科。1917年7月毕业，进入东京帝国大学经济学部学习。1921年6月，组织成立创造社，担任《创造季刊》《创造月刊》《洪水》半月刊编辑，同年10月，出版我国现代文学史上第一部白话短篇小说集《沉沦》。1926年底返沪后主持创造社出版部工作。在《洪水》半月刊上发表了《小说论》等大量文艺论著。1926年3月16日，发起创刊《创造》。1928年加入太阳社，主编《大众文艺》。1930年3月，中国左翼作家联盟成立，为发起人之一。1933年初，加入中国民权保障同盟，4月移居杭州，后写了大量山水游记和诗词。1936年任福建省府参议。1938年，赴武汉参加军委会政治部第三厅的抗日宣传工作，并在中华全国文艺界抗敌协会成立大会上当选为常务理事。1938年底，郁达夫应邀赴新加坡办报并从事宣传抗日救国，星洲沦陷后流亡至苏门答腊，因精通日语被迫做过日军翻译，其间利用职务之便暗暗救助、保护了大量文化界流亡难友、爱国侨领和当地居民。1938年12月至新加坡，主编《星洲日报》等报刊副刊，写了大量政论、短评和诗词。1942年，日军进逼新加坡，撤退至苏门答腊的巴爷公务，化名赵廉。1945年8月29日，在苏门答腊失踪，9月17日被日本宪兵杀害，时年49岁。1952年经中央人民政府批准，追认为革命烈士。

代表作有《沉沦》《故都的秋》《春风沉醉的晚上》《过去》《迟桂花》等。

位于浙江省富阳市鹳山路的郁达夫故居

文学 Literature   郁达夫 Yu Dafu

中国名人故居 | An Album of the Former Residences of Chinese Celebrities

824

文学 Literature　　郁达夫 Yu Dafu

文学 Literature　　郁达夫　Yu Dafu

中国名人故居 | An Album of the Former Residences of Chinese Celebrities

文学 Literature　　　郁达夫 Yu Dafu

位于浙江省杭州市大学路场官弄的郁达夫故居

位于上海市淮海中路的郁达夫故居

| 文学 Literature | 郁达夫 Yu Dafu

徐志摩
Xu Zhimo

徐志摩（1897~1931），原名章垿，字槱森，留学英国时改名志摩，曾经用过的笔名有南湖、诗哲、海谷、谷、大兵、云中鹤、仙鹤、删我、心手、黄狗、谔谔等。浙江海宁（今浙江省海宁市）人。现代诗人、散文家。

徐志摩1908年在家塾读书，1910年考入杭州府中学堂。1916年秋到天津的北洋大学（天津大学）的预科攻读法科。1917年，北洋大学法科并入北京大学，徐志摩也随着转入北大就读。1918年8月入美国乌斯特的克拉克大学（Clark University）学习银行学，后进历史系选读社会学、经济学、历史学等课程。获得文学硕士学位。1921年至1922年，入英国剑桥大学，广泛涉猎名家名作，也接触了各种思潮流派。1923年春，在北京办"新月社"。1924年与胡适、陈西滢等创办《现代诗评》周刊，任北京大学教授。1926年在北京主编《晨报》副刊《诗镌》。1928年3月，创办《新月》月刊。1930年任中华文化基金委员会委员，被选为英国诗社社员。同年冬到北京大学与北京女子大学任教。1931年初，与陈梦家、邵洵美、方玮德等办《诗刊》季刊，被推选为笔会中国分会理事。1931年11月19日因飞机失事罹难。

代表作品有《再别康桥》《翡冷翠的一夜》等。

位于浙江省海宁市硖石镇西河街的徐志摩故居

中国名人故居 | An Album of the Former Residences of Chinese Celebrities

文学 Literature　　　　＋　　　　徐志摩 Xu Zhimo

文学 Literature　　徐志摩 Xu Zhimo

849

中国名人故居 | An Album of the Former Residences of Chinese Celebrities

位于上海市长宁区华山路的徐志摩与夫人张幼仪故居

文学 Literature | 徐志摩 Xu Zhimo

位于上海市卢湾区南昌路的徐志摩与夫人陆小曼故居

位于上海市静安区延安中路的徐志摩与夫人陆小曼故居

王统照
Wang Tongzhao

　　王统照（1897～1957），字剑三，笔名息庐、容庐。山东诸城（今山东省诸城市）人。现代作家。

　　1913年考入山东省立一中。七八月间，回乡度假，试写章回体小说《剑花痕》。1916年，处女作——文言小说《新生活》发表。1916年，编写话剧《云南起义》。1918年考入北京中国大学英国文学系，被推选为学报编辑。同年，在《妇女杂志》上发表第一篇白话短篇小说《纪念》。1919年五四运动时，从事新文学创作，参加了火烧赵家楼的示威活动。1921年与沈雁冰、郑振铎等12人发起成立文学研究会，曾编辑《曙光》《晨光》等杂志，主编《晨报》的《文学旬刊》。1922年7月，大学毕业，留校任教。10月，出版第一部长篇小说《一叶》。1935年春，王统照旅欧回国，在青岛与老舍、臧克家等一起创办《避暑录话》周刊。抗战胜利后，任《民言报》的副刊主编。1946年8月任青岛山东大学中文系教授、系主任。1949年7月，王统照赴北平参加中华全国文艺工作者代表大会并当选为全国文联委员和文协理事。1952年任山东省文化局局长兼省文联主席。1953年9月，被选为中国文联第二届全国委员会委员；不久被选为全国作协常务理事。1954年，当选为全国第一届人民代表大会代表，此后参加了第一届全国人民代表大会第二、三、四次会议。1957年11月29日，病逝于济南，享年60岁。

位于山东省诸城市相州镇相州一村的王统照故居

位于安徽省黄山市永丰乡岭下苏村的海宁学舍（苏雪林少年读书处）

文学 Literature   苏雪林 Su Xuelin

苏雪林
Su Xuelin

苏雪林（1897～1999），本名苏小梅，1919年秋天，将"小"字省去，改名苏梅；字雪林，以字行，笔名瑞奴、瑞庐、小妹、绿漪、灵芬、老梅等。祖籍安徽太平（今安徽省黄山市黄山区），生于浙江瑞安（今浙江省瑞安市）。现代作家、学者。

苏雪林先后毕业于安徽省立安庆第一女子师范学校、北京高等女子师范学校。五四运动时期，以散文《绿天》与小说《棘心》轰动一时。1921年前往法国留学，先进入里昂中法学院，后又进入里昂国立艺术学院，1925年以母病辍学归来。历任东吴大学、沪江大学、安徽大学、武汉大学教授。1949年，前往香港公教真理学会工作。1952年起，任台湾师范大学、成功大学教授。1999年4月22日病逝，享年102岁。

苏雪林的作品有小说、散文、剧本、诗词、现代作家作品研究及多种学术著作，形式多样、内容广泛。代表作有散文集《绿天》《青鸟集》《屠龙集》，长篇小说《棘心》，小说集《蝉蜕集》，传记作品《南明忠烈传》等；专著《论中国旧小说》《二三十年代的作家与作品》，旧诗词《灯前诗草》及杂文《犹大之吻》等近五十种。

文学 Literature　　　王统照 Wang Tongzhao

位于山东省岛市观海二路的王统照故居

文学 Literature　　　　苏雪林 Su Xuelin

文学 Literature   +   苏雪林 Su Xuelin

位于安徽省黄山市永丰乡岭下苏村的苏雪林故居

位于湖北省武汉市武汉大学内的苏雪林故居

文学 Literature   苏雪林 Su Xuelin

田汉
Tian Han

田汉（1898～1968），原名寿昌，曾用笔名伯鸿、陈瑜、漱人、汉仙等。原籍湖南省长沙市。话剧作家，戏曲作家，电影剧本作家，小说家，诗人，歌词作家，文艺批评家，社会活动家。

1912年入读长沙师范学校。1917年随舅父去日本，最初学海军，后来改学教育，进日本东京高琪师范学校，热心于戏剧，和郭沫若等结为挚友。1920年回国，第二年在上海中华书局任编辑，创办《南国月刊》，发表剧作。1925年，创办"南国社"，拍摄了由他编剧的电影《到民间去》。1927年"四一二"事变之后，曾短期在中国国民党总政治部宣传处工作，负责电影戏剧方面事务。1928年，扩大"南国社"，分文学、绘画、音乐、戏剧、电影五部，并成立南国艺术学院。1932年"一·二八"事变后，经瞿秋白主持加入中国共产党。1935年为电影《风云儿女》创作主题歌词《义勇军进行曲》途中被国民党政府拘捕，将歌词写在香烟盒上交予聂耳谱曲。1937年作《四季歌》《天涯歌女》歌词，为《马路天使》的主题曲。1941年在大后方桂林组建新中国剧社。1949年后田汉任职文化部戏曲改进局、艺术局局长。"文革"期间被迫害致死。

田汉一生创作话剧、歌剧六十余部，电影剧本二十余部，戏曲剧本24部，歌词和新旧体诗歌近两千首。其中《义勇军进行曲》（聂耳曲）后定为中华人民共和国国歌。话剧代表作有《获虎之夜》《名优之死》《乱钟》《回春之曲》《丽人行》《关汉卿》《文成公主》及改编戏曲剧本《武则天》《江汉渔歌》《白蛇传》《金鳞记》《西厢记》《谢瑶环》等。

位于北京市东城区东四北大街细管胡同的田汉故居

文学 Literature 　　十　　田汉 Tian Han

文学 Literature   田汉 Tian Han

中国名人故居 | An Album of the Former Residences of Chinese Celebrities

文学 Literature　　田汉 Tian Han

朱自清
Zhu Ziqing

朱自清（1898~1948），原名自华、号秋实，改名自清，字佩弦。原籍浙江绍兴（今浙江省绍兴市），生于江苏东海（今江苏省东海县）。现代著名散文家、诗人、学者、民主战士。

六岁时随全家定居扬州。1916年考入北京大学预科，1917年升入本科哲学系，于1920年提前毕业。1919年加入《新潮》诗社，开始创作新诗，其新诗处女作《睡罢，小小的人》于同年2月问世。此后，曾在杭州、扬州等中学任教，同时从事新诗和散文创作。1922年，与俞平伯等人共同创办《诗》月刊。1925年夏，赴北京任清华大学教授。1928年8月，出版散文集《背影》。1931年8月赴欧洲进修和游历。1932年7月回国，仍任清华大学教授。1934年后参与《文学季刊》杂志编辑工作。1937年，抗日战争爆发，随校南迁至长沙、昆明、蒙自、成都，任长沙临时大学、西南联大教授。抗日战胜利后，积极支持昆明学生反对国民党发动内战。1946年，由昆明返回北京，任清华大学中文系主任。1948年8月12日，病逝于北平，享年51岁。

一生主要作品有诗歌、散文、评论、学术研究著作26种，二百余万字。遗著编入《朱自清集》《朱自清诗文选集》等。

位于江苏省扬州市广陵区安乐巷的朱自清故居

文学 Literature　　朱自清 Zhu Ziqing

文学 Literature   朱自清 Zhu Ziqing

文学 Literature   朱自清 Zhu Ziqing

中国名人故居 | An Album of the Former Residences of Chinese Celebrities

文学 Literature 朱自清 Zhu Ziqing

文学 Literature 　　朱自清 Zhu Ziqing

位于浙江省上虞市春晖中学的朱自清故居

文学 Literature   朱自清 Zhu Ziqing

文学 Literature + 朱自清 Zhu Ziqing

文学 Literature　　　朱自清 Zhu Ziqing

位于云南省昆明市龙泉镇司家营村的朱自清故居

文学 Literature   朱自清 Zhu Ziqing

文学 Literature 朱自清 Zhu Ziqing

闻一多
Wen Yiduo

闻一多（1899～1946），原名亦多，字友三，亦字友山。湖北蕲水（今湖北省浠水县）人。著名诗人，学者，中国民主同盟早期领导人，坚定的民主战士，伟大的爱国主义者。

闻一多生于一个书香家庭。1912年考入清华留美预备学校，喜欢读中国古代诗集、诗话、史书、笔记等。1916年开始在《清华周刊》上发表系列读书笔记，总称《二月庐漫记》。同时创作旧体诗。1919年五四运动时积极参加学生运动，曾代表学校出席全国学联会议。1920年4月，发表了白话文《旅客式的学生》。同年9月，发表第一首新诗《西岸》。1921年11月与梁实秋等人发起成立清华文学社，次年3月，写成《律诗底研究》，开始系统地研究新诗格律理论。1922年7月赴美国芝加哥美术学院学习。年底出版与梁实秋合著《冬夜草儿评论》。1923年出版第一部诗集《红烛》。1925年5月回国后，历任国立第四中山大学、国立武汉大学、国立山东大学、国立清华大学、西南联合大学教授，曾任北京艺术专科学校教务长、国立第四中山大学外文系主任、国立武汉大学文学院长、国立山东大学文学院长等职。1928年出版第二部诗集《死水》。此后致力于古典文学的研究，后汇集成《古典新义》出版。1937年抗战开始，在昆明西南联大任教。1943年后，积极参加反对独裁，争取民主的斗争。1945年为中国民主同盟会委员兼云南省负责人、昆明《民主周刊》社长。"一二·一惨案"发生后，他更是英勇地投身爱国民主运动，反对蒋介石的独裁统治。1946年7月15日在悼念被国民党特务暗杀的李公朴的大会上，发表了著名的《最后一次的演讲》，当天下午在西仓坡宿舍门口即被国民党特务暗杀。

代表作有《七子之歌》《红烛》《死水》等。遗著由朱自清编成《闻一多全集》四卷。

位于山东省青岛市红岛路青岛海洋大学内的闻一多故居

文学 Literature　　　闻一多 Wen Yiduo

中国名人故居 | An Album of the Former Residences of Chinese Celebrities

位于云南省昆明市龙泉镇司家营村的闻一多故居

文学 Literature 闻一多 Wen Yiduo

文学 Literature　　＋　　闻一多 Wen Yiduo

老舍
Lao She

老舍（1899~1966），本名舒庆春，字舍予，笔名老舍，满族。北京市人。中国现代著名小说家、文学家、戏剧家。

1913年考入北京师范学校。1918年毕业后任北京市方家胡同小学校长。1922年任南开中学国文教员。同年发表了第一篇短篇小说《小铃儿》。1924年夏，应聘到英国伦敦大学东方学院当中文讲师，期间开始文学创作。长篇小说《老张的哲学》是他第一部长篇小说，自1926年7月起在《小说月报》杂志连载，立刻震动文坛。之后，陆续发表长篇小说《赵子曰》和《二马》。1930年回国后，先后在齐鲁大学和山东大学任教授。其间创作了《猫城记》《离婚》《骆驼祥子》等长篇小说，《月牙儿》《我这一辈子》等中篇小说，《微神》等短篇小说。1944年开始创作长篇巨著《四世同堂》。抗战结束后，1946年3月赴美讲学。1949年12月，应周恩来委托文艺界之邀回到北京。后曾任政务院文教委员会委员、中国文联副主席、中国作家协会副主席兼书记处书记、全国人民代表大会代表、中国人民政治协商会议全国委员会常务委员会委员、北京市人民政府委员、中国民间文艺研究会副主席、北京市文联主席等职。"文革"期间受到迫害，1966年8月24日深夜，老舍含冤自沉于北京太平湖，终年67岁。

主要著作有：长篇小说《二马》《猫城记》《骆驼祥子》《四世同堂》《正红旗下》，中篇小说《我这一辈子》《月牙儿》，短篇小说集《赶集》《樱海集》《东海巴山集》《蛤藻集》《火车集》《贫血集》，剧本《龙须沟》《茶馆》《西望长安》。另有《老舍剧作全集》《老舍散文集》《老舍诗选》《老舍文艺评论集》和《老舍文集》等。其作品已被译成二十余种文字出版。

文学 Literature　　　＋　　　老舍 Lao She

位于北京市东城区灯市口西街丰富胡同的老舍故居

中国名人故居 | An Album of the Former Residences of Chinese Celebrities

谢绝参观
No Admittance

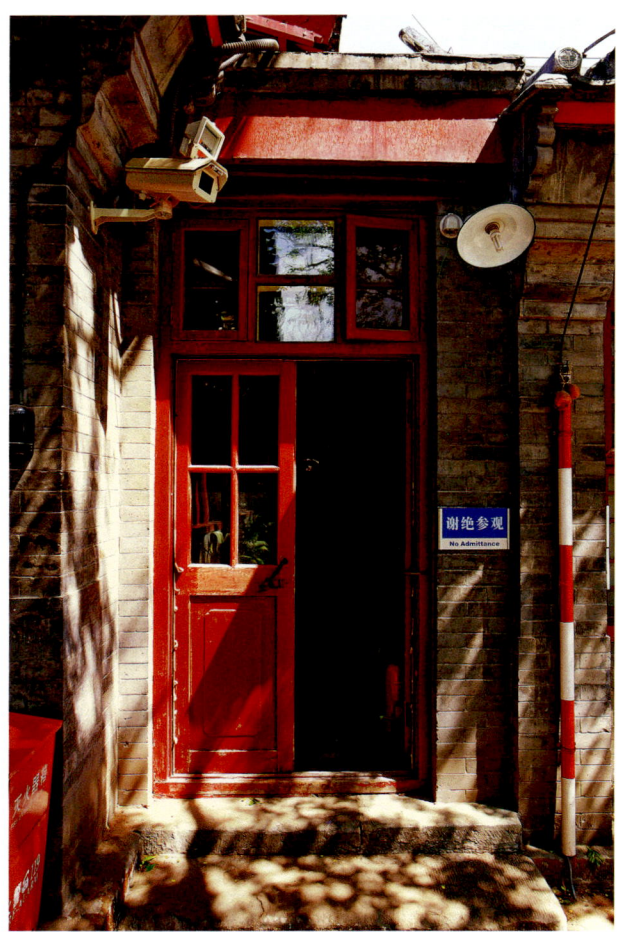

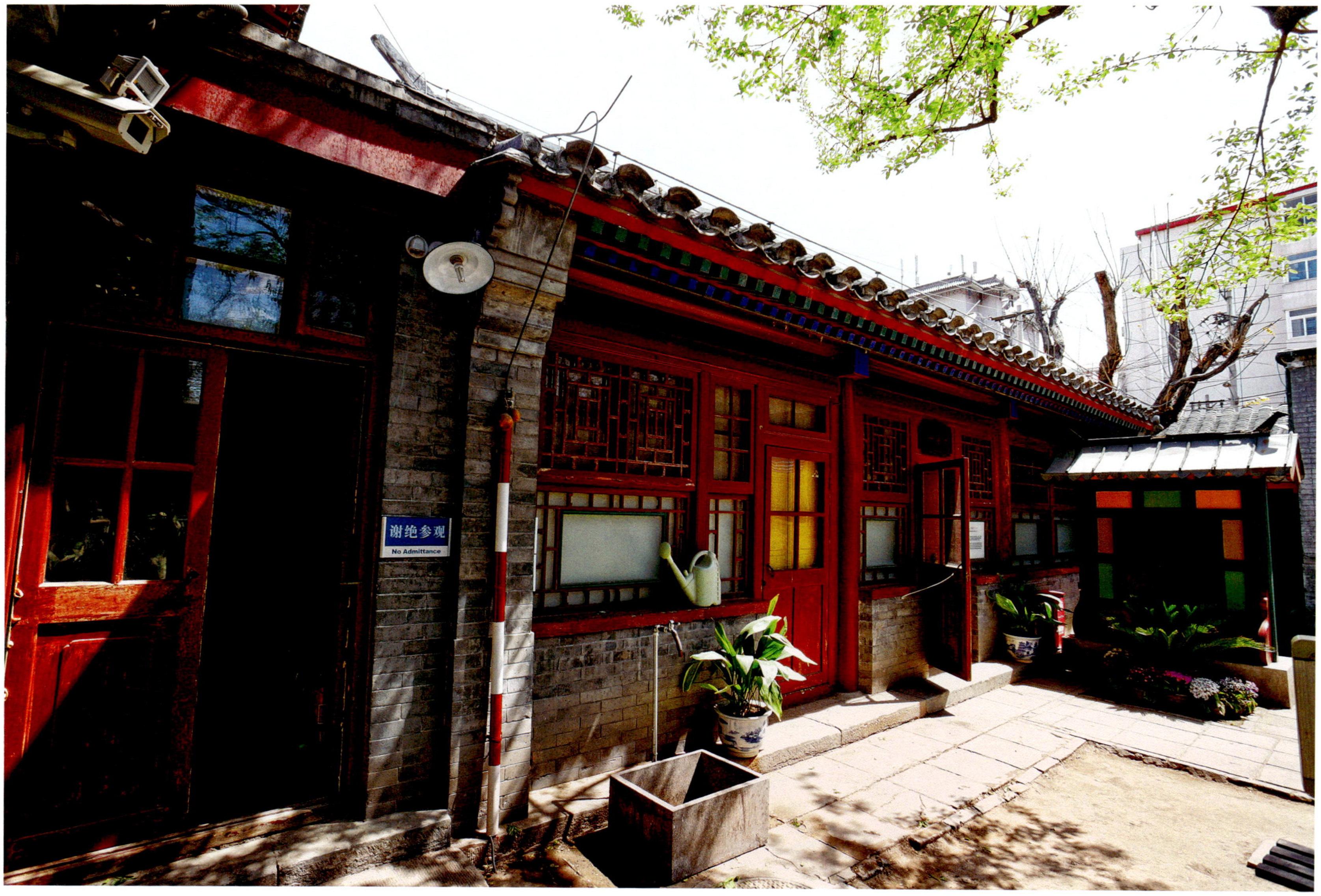
谢绝参观
No Admittance

文学 Literature　　　老舍 Lao She

| 中国名人故居 | An Album of the Former Residences of Chinese Celebrities |

940

文学 Literature 老舍 Lao She

文学 Literature 老舍 Lao She

文学 Literature 　　　老舍 Lao She

位于山东省济南市南新街的老舍故居

文学 Literature　　十　　老舍 Lao She

中国名人故居 | An Album of the Former Residences of Chinese Celebrities

位于山东省济南市秋柳园街的老舍纪念馆

文学 Literature　　　老舍 Lao She

文学 Literature 老舍 Lao She

位于山东省青岛市黄县路的老舍故居

文学 Literature　　　＋　　　老舍 Lao She

文学 Literature   老舍 Lao She

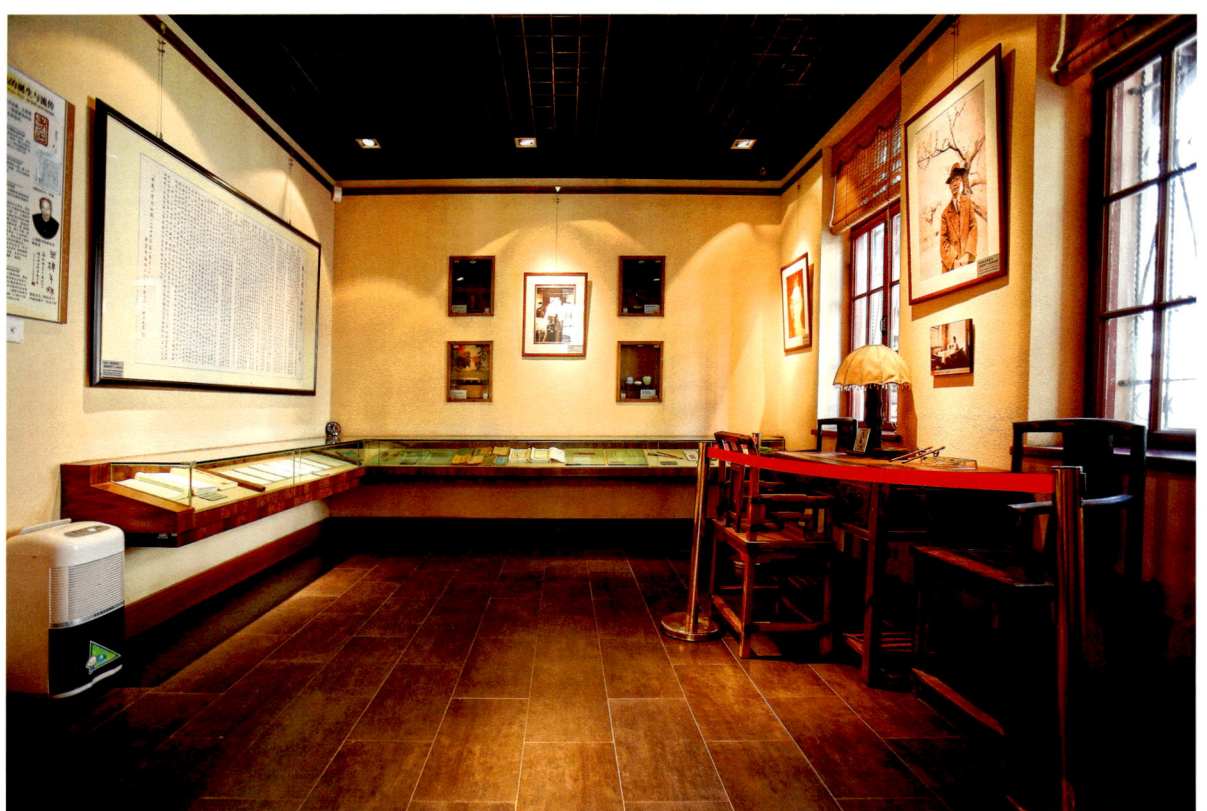

文学 Literature　　＋　　老舍 Lao She

位于重庆市北碚区天生新村的老舍故居

文学 Literature 老舍 Lao She

文学 Literature   老舍 Lao She

文学 Literature 老舍 Lao She

文学 Literature 老舍 Lao She

盛成
Sheng Cheng

盛成（1899~1996），原名延禧。江苏省仪征市人。语言学家、翻译家、作家、诗人。

盛成在青少年时代就站在社会进步的前沿，被誉为"辛亥革命三童子"之一。1920年1月，他赴法国蒙白利埃农业专科学校学习蚕桑，此间参加领导了留法勤工俭学学生的斗争活动，并于1920年3月加入法国社会党。此后，他与社会党左派创建了法国共产党，被选为法共南方地区兰盖道克的省委书记。1923年进入法国蒙白利埃大学深造，获高等理学硕士学位，并执教于巴黎大学。1932年1月，他赴上海参加淞沪抗战，任十九路军一三六旅所属三支队义勇军政治部主任。后回到北平任教，出任国立北平大学农学院农业生物学系教授，主讲"昆虫学"。1941年后，先后担任国立中山大学教授、兰州大学教授、台湾大学教授等职。1966年3月定居法国。1978年10月，他回到祖国，任北京语言学院（现为北京语言大学）外语系一级教授。

在法国留学期间，他用法文撰写并出版了富于民族色彩与地方风情的传记文学《我的母亲》。该书不仅轰动了法国文坛，而且轰动了整个欧洲乃至整个世界，部分章节被收入法国中、小学课本，并被译成英语、德语等16种语言。盛成毕生致力于法国语言文学、马来—波利尼西亚文化研究。除精通法语和英语外，他还通晓德文、希腊文、拉丁文、意大利文等十几种语言。1984年，法国总统密特朗授予他法兰西共和国荣誉军团骑士勋章，以表彰他在法语现代词语研究、发展法国语言文学和促进中法文化交流方面做出的卓越贡献。

位于江苏省仪征市天宁塔畔的盛成故居

文学 Literature 　　盛成 Sheng Cheng

文学 Literature　　　盛成 Sheng Cheng

俞平伯
Yu Pingbo

俞平伯（1900~1990），原名俞铭衡，字平伯。浙江吴兴（今浙江省湖州市）人。现代诗人、作家、红学家。

他是清代朴学大师俞樾曾孙。早年曾参加五四新文化运动，为新潮社、文学研究会、语丝社成员。1919年毕业于北京大学。曾赴日本考察教育。曾在杭州第一师范学校执教。后历任上海大学、燕京大学、北京大学、清华大学教授。1947年加入九三学社。新中国成立后，历任北京大学教授，中国社会科学院文学研究所研究员，九三学社中央委员、顾问，中国文联委员，中国作协理事等。1990年10月15日逝世，终年91岁。

俞平伯最初以创作新诗为主。1918年，以白话诗《春水》崭露头角。次年，与朱自清等人创办我国最早的新诗月刊《诗》。至抗战前夕，先后结集的有《冬夜》《西还》《忆》等。擅词学，曾有《读词偶得》《古槐书屋词》等。在散文方面，先后结集出版有《杂拌儿》《燕知草》《杂拌儿之二》《古槐梦遇》《燕郊集》等。其中《桨声灯影里的秦淮河》等名篇曾传诵一时。1921年，俞平伯开始研究《红楼梦》。两年后，亚东图书馆出版专著《红楼梦辨》。1952年，又由棠棣出版社出版《红楼梦研究》。1954年3月，复于《新建设》杂志发表《红楼梦简论》。同年9月，遭受批判，长期受到不公正待遇，仍不放弃对《红楼梦》的研究。1987年，应邀赴香港，发表了《红楼梦》研究中的新成果。1988年，上海古籍出版社出版其论著合集。著有《论诗词曲杂著》《红楼梦八十回校本》《俞平伯散文选集》等。

文学 Literature   俞平伯 Yu Pingbo

位于浙江省杭州市北山路的俞平伯故居

文学 Literature　　　俞平伯 Yu Pingbo

文学 Literature　　俞平伯 Yu Pingbo

冰心
Bing Xin

冰心（1900～1999），原名谢婉莹，笔名冰心，取"一片冰心在玉壶"之意。祖籍福建长乐（今福建省长乐市），出生在福建省福州市。当代著名诗人、作家、翻译家、儿童文学家。

1918年，入协和女子大学预科，积极参加五四运动。1919年，发表第一篇小说《两个家庭》。同时，受到泰戈尔的影响，写作无标题的自由体小诗，后结集为《繁星》和《春水》出版，被人称为"春水体"。1921年，加入文学研究会。1923年，毕业于燕京大学文科，赴美国威尔斯利女子大学学习英国文学。在旅途和留美期间，写有散文集《寄小读者》，其独特的轻灵隽丽的风格曾被时人称为"冰心体"，产生了广泛的影响。1926年，获文学硕士学位后回国，执教于燕京大学和清华大学。抗日战争期间在昆明、重庆等地从事创作和文化救亡活动。1946年，赴日本，曾任东京大学教授。1951年回国，先后任《人民文学》编委、中国民主促进会中央名誉主席，中国文联副主席，中国作家协会名誉主席、顾问，中国翻译工作者协会名誉理事等职。

作品有散文集《归来以后》《再寄小读者》《我们把春天吵醒了》《樱花赞》《拾穗小札》《晚晴集》《三寄小读者》，小说集《超人》《去国》《冬儿姑娘》，小说散文集《往事》《南归》，散文集《关于女人》，以及《冰心全集》《冰心文集》《冰心著译选集》等。她的短篇小说《空巢》获1980年度优秀短篇小说奖。儿童文学作品选集《小桔灯》于同年在全国少年儿童文艺创作评奖中获荣誉奖。作品被译成多种外文出版。

位于福建省福州市南后街杨桥路口的冰心故居

中国名人故居 | An Album of the Former Residences of Chinese Celebrities

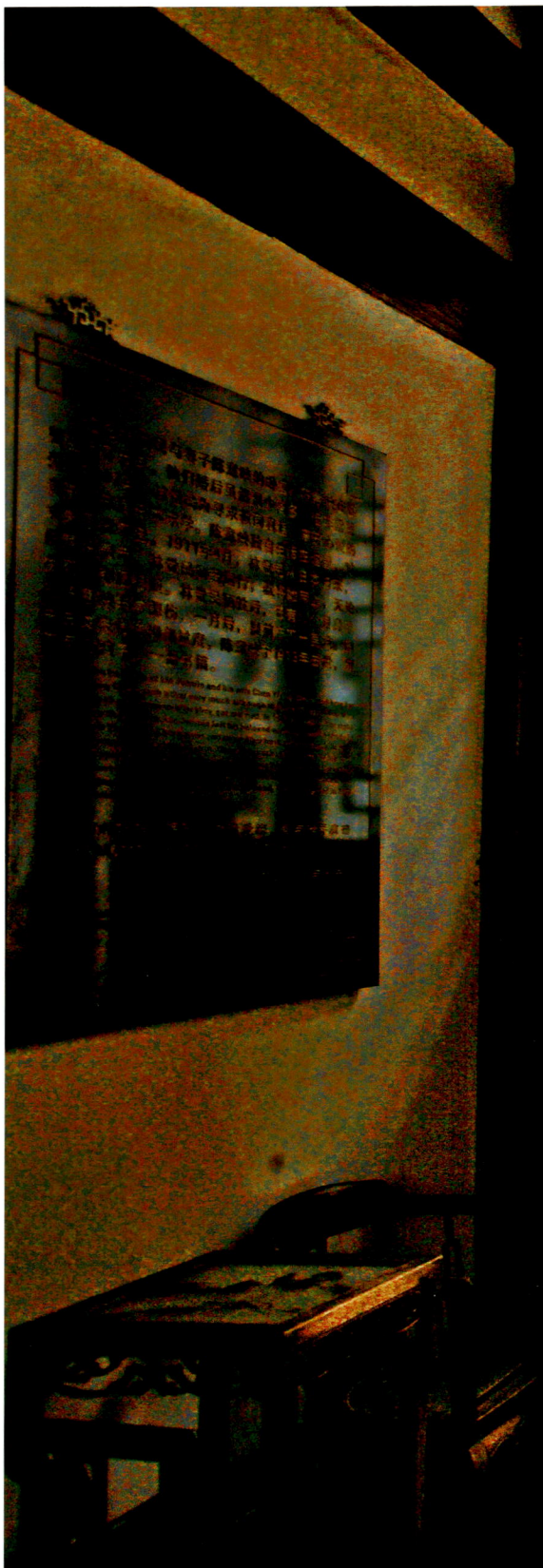

文学 Literature 冰心 Bing Xin

文学 Literature　　　　冰心 Bing Xin

位于山东省烟台市芝罘区会英街的冰心故居

文学 Literature 　+　 冰心 Bing Xin

| 中国名人故居 | An Album of the Former Residences of Chinese Celebrities |

文学 Literature　　　冰心 Bing Xin

位于云南省昆明市呈贡县三台山的冰心默庐

位于北京市东城区张自忠路中剪子巷的冰心故居

文学 Literature 冰心 Bing Xin

位于北京市海淀区北京大学燕南园的冰心故居

柔石
Rou Shi

柔石（1902~1931），原名赵平复，因门前曾有一小石桥，上镌"金桥柔石"，所以就曾以"柔石""金桥"为笔名。浙江省宁海县人。现代文学家。

柔石1918年入学浙江省立第一师范学校，加入新文学团体"晨光社"，开始投身新文化运动。1924年春在浙江慈溪县城普迪小学任教。1925年到北京大学旁听，在宁波自费出版了第一本短篇小说集《疯人》。1926年春因生活无法维持离京南下。至秋到浙江镇海县镇海中学任教。1927年回到家乡宁海中学任教。1928年初，在中共地下组织和进步力量支持下，任宁海县教育局局长。1928年6月在上海结识鲁迅，并得到帮助发起成立朝花社，创办《朝花周刊》。1929年1月，接《语丝》的编校任务。不久，与鲁迅合编《近代木刻选集（1）（2）》等，并出版合译作品集《奇剑及其它》《在沙漠上》等。创作长篇小说《旧时代之死》，11月创作并出版小说代表作《二月》，同时积极参加中国左翼作家联盟的筹备工作。1930年参与由鲁迅主编的《萌芽月刊》（后成"左联"机关刊物）编辑工作，创作小说《为奴隶的母亲》。同年春天参加中国自由运动大同盟及左联，任左联常务委员。1931年1月17日，因叛徒告密，在上海汉口路东方旅社被捕。2月7日牺牲于龙华，为"左联五烈士"之一。

柔石一生共留下55万字的创作作品和63万字的译作。代表作有中篇小说《二月》《三姊妹》、短篇小说《为奴隶的母亲》。

位于浙江省宁海市城关镇西门柔石路的柔石故居

文学 Literature　　　柔石 Rou Shi

中国名人故居 | An Album of the Former Residences of Chinese Celebrities

| 中国名人故居 | An Album of the Former Residences of Chinese Celebrities |

1016

文学 Literature　　柔石 Rou Shi

文学 Literature　　柔石 Rou Shi

石评梅
Shi Pingmei

石评梅（1902~1928），乳名心珠，学名汝璧，因爱慕梅花之俏丽坚贞，自取笔名石评梅；此外用过的笔名还有评梅女士、波微、漱雪、冰华、心珠、梦黛、林娜等等。山西省平定县人。女作家。

石评梅出生在书香之家，其父石铭（又名鼎丞），系清末举人。石评梅自幼便得家学滋养，有深厚的文学功底。除家教外石评梅先后就读于太原师范附小、太原女子师范，成绩优异。除酷爱文学外，她还爱好书画、音乐和体育。1919年，到北京女高师体育系读书，开始在《语丝》《晨报副刊》《文学旬刊》《文学》以及她与陆晶清参与编辑的《妇女周刊》《蔷薇周刊》等等报刊上发表诗歌、散文、游记、小说，其中尤以诗歌见长，有"北京著名女诗人"之誉。小说创作以《红鬃马》《匹马嘶风录》为代表。1923年秋天，女高师毕业后，留校任该校附中女子部主任兼国文、体育教员。1928年9月18日，猝患脑膜炎，医治无效，于9月30日去世。

她创作了大量诗歌、小说、剧本、散文、评论，其中散文和诗歌尤佳。作品曾在其去世后辑成《涛语》（散文集）、《偶然草》出版。现有三卷本《石评梅作品集》及《石评梅选集》《石评梅纪念册》《石评梅大全集》等。

文学 Literature　　　石评梅 Shi Pingmei

位于山西省平定县城关镇姑姑寺巷的石评梅故居

文学 Literature　　　石评梅 Shi Pingmei

文学 Literature 石评梅 Shi Pingmei

阳翰笙
Yang Hansheng

阳翰笙（1902~1993），原姓欧阳，名本义，字继修，阳翰笙是他的主要笔名，另有笔名"华汉"等。四川省高县人。现代戏剧家、作家，中国新文化运动先驱者之一。

阳翰笙出生于一个经营丝茶生意的小商人家庭。1915年就读于高县城关第一高等小学堂，1920年秋，转学到成都省立第一中学学习。1922年，他在学校组织成立进步团体，领导学潮，受到当局通缉。1923年，先后在北京、上海读书，对革命文学产生了浓厚兴趣。1926年初，受党组织委派到黄埔军校担任政治部秘书、入伍生部政治部秘书和党总支书记，兼任政治教官。次年（1927）参加"南昌起义"，在第十一军二十四师任党代表，后任起义军总政治部秘书长。1928年，到创造社做组织工作，兼办《流沙》周刊、《日出》旬刊。在此期间，他先后创作《马林英》等15篇小说，创作出《女囚》等8部中篇小说，开始了革命文艺生涯。1930年3月，参与组织成立"左联"，先后担任"左联"党团书记、文委书记和文总党团书记。1932年，写成电影文学剧本处女作《铁板红泪录》。此后写过18部电影（其中13部搬上银幕）、8个话剧。1935年2月，被国民党当局逮捕。"七七"事变后获释来到武汉，成为中共在国统区文化界统一战线的领导人之一。1949年到北京，同年7月被选为中华全国文学工作者协会委员，任全国电影协会主席。年底，被任命为国务院文教委员会委员兼秘书长、党组书记，并任中央统战部文化处处长。1950至1954年，任周恩来办公室副主任。1953年，第二次文代会上，当选为中国文联秘书长、党组书记。1954年，任中国人民对外文化协会副会长兼党组书记。"文化大革命"中受到冲击。1979年2月平反，当选为中国文联常务副主席。1993年6月7日在北京辞世，终年91岁。阳翰笙著述丰厚，一生写下了700多万字的文艺作品。

位于四川省高县罗场镇南华街的阳翰笙故居

中国名人故居 | An Album of the Former Residences of Chinese Celebrities

文学 Literature　　　　　阳翰笙 Yang Hansheng

文学 Literature   阳翰笙 Yang Hansheng

文学 Literature 阳翰笙 Yang Hansheng

文学 Literature 阳翰笙 Yang Hansheng

位于重庆市沙坪坝区西永镇香蕉园村的阳翰笙故居

文学 Literature　　＋　　阳翰笙 Yang Hansheng

文学 Literature | 阳翰笙 Yang Hansheng